1982 - ein ganz besonderes Jahr

1982 ist ein besonderes Jahr: Der CD-Player wird erfunden, Kaiser Franz gibt sein Abschiedsspiel und Michael Jackson veröffentlicht das erfolgreichste Album aller Zeiten. Eine spannende und amüsante Zeitreise für jeden Mann, der immer schon mal wissen wollte, welche Trends in seinem Geburtsjahr begründet wurden und welche bedeutenden Ereignisse es gab.

Ein Ereignis ist dabei ganz besonders hervorzuheben:

Das größte Highlight 1982 ist die Geburt von:

Liebes Geburtstagskind,

Inhalt

Chinesisches Horoskop

Wer im Jahr 1982 das Licht der Welt erblickte, ist im **chinesischen Tierkreiszeichen des Hundes** geboren.

Das chinesische Sternzeichen des Hundes ist aufrichtig und zuverlässig

Ein im chinesischen Tierkreiszeichen des Hundes geborener Mann ist entgegenkommend und liebenswürdig, zurückhaltend und besonnen. Er erfreut sich unter Mitmenschen zumeist großer Beliebtheit. Dieses chinesische Sternzeichen gilt als besonders treu, loyal und aufrichtig. Aus diesem Grund handelt der Hunde-Mann niemals unmoralisch oder gegen sein Gewissen. Das macht ihn zu einem guten Freund, der immer für seine Mitmenschen da ist und sie unterstützen möchte.

Ein im Tierkreiszeichen des Hundes Geborener ist von Natur aus eher vorsichtig. Bevor er enge Freundschaften schließt, nimmt er sich Zeit, um seine Freunde gründlich kennenzulernen. Ist man einmal mit ihm befreundet, so bleibt die Freundschaft oft ein Leben lang erhalten. Harmonie ist ihm sehr wichtig, daher geht er möglichen Konflikten meist aus dem Weg.

Er verzichtet auf lange Diskussionen und akzeptiert oft stillschweigend die Situation. In Harmonie und Ruhe zu leben ist nämlich das vorrangige Ziel eines Hunde-Geborenen. Auch in einer Partnerschaft zeigt sich der

Hunde-Mann als sehr zuverlässig und selbstlos - er braucht jedoch manchmal etwas Zeit, um sich auf einen Partner einzulassen.

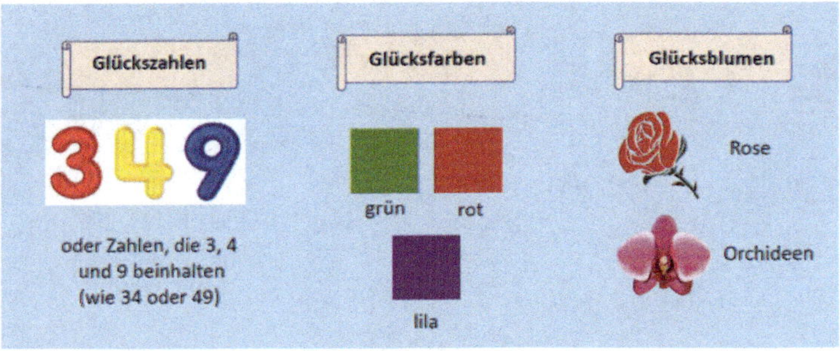

Im Beruf überzeugt der im Tierkreiszeichen des Hundes geborene Mann durch seine Intelligenz, Aufrichtigkeit und Loyalität. Er ist unbeschwert und liebenswürdig und immer bereit, anderen Arbeit abzunehmen, was ihn in seinem Arbeitsumfeld sehr beliebt macht. Berufe in Dienstleistungsbereichen kommen ihm entgegen.

Besonders geeignete Berufe für einen im Tierkreiszeichen des Hundes geborenen Mann sind Polizist, Wissenschaftler, Arzt oder Pfleger, Büroangestellter oder Jurist. Ist der Hunde-Mann glücklich, genießt er auch meist eine gute Gesundheit.

Auf den folgenden Seiten sind Trends, Ereignisse und Geschichten angeführt, die das Geburtsjahr 1982 aus Sicht des Mannes zu einem besonderen Jahr machen. Viel Spaß beim Schmunzeln und Staunen!

Italien ist Fußball-Weltmeister

Am 13. Juni eröffnet der spanische König Juan Carlos I. in Barcelona die Fußballweltmeisterschaft. Knapp vier Wochen später feiern die Italiener ihren **3:1-Finalsieg über die BRD** und die „Squadra Azzurra" ist zum dritten Mal nach 1934 und 1938 Fußball-Weltmeister.

Die Deutschen bestimmen vor 90.000 Zuschauern lange Zeit das Spiel, aber die Italiener ziehen vor ihrem 40-jährigen Torwart Dino Zoff (106. Länderspiel) ein dichtes Abwehrnetz auf, kontern geschickt und verkraften sogar einen verschossenen Foulelfmeter. Nie zuvor waren die eigenen Fans und die Beobachter vom Auftritt der DFB-Auswahl so enttäuscht.

Der deutsche Fußball rutscht sprichwörtlich aus. Im Bild eine Szene mit Rummenigge aus dem Finalspiel

Eine dreiminütige Zusammenfassung der Fußball-WM 1982 gibt es als ARD-Video unter diesem Link bzw. QR-Code:

https://bit.ly/3-minuten-wm-1982

Springflut deutscher Musik

In der BRD sind 1982 deutschsprachige Titel gefragt wie seit der Schlagerwelle der 60er Jahre nicht mehr. Grund für diesen Boom ist die **Neue Deutsche Welle**, eine Mischung aus Schlager und Rockmusik mit durchwegs deutschen Texten. Zum Prototyp der Gattung wird der Titel ***„Da da da ich lieb` dich nicht, du liebst mich nicht“*** der Gruppe **Trio**. Trotz monotoner Melodie, karger Instrumentation und Nonsense-Text verkauft sich die Scheibe in der BRD über 1 Mio. Mal.

Andere erfolgreiche NDW-Titel aus 1982 sind: „Skandal im Sperrbezirk“ (Spider Murphy Gang), „Der Kommissar“ (Falco); „Carbonara“ (Spliff); „Sommersprossen“ (UKW); „Hurra, hurra, die Schule brennt“ (Extrabreit) oder „Eiszeit“ (Ideal).

Die NDW-Gruppe Trio bei einem Liveauftritt 1982 (v. l. n. r.: Kralle Krawinkel, Peter Behrens, Stephan Remmler)

Das rund 75-minütige Live-Konzert von Trio vom 2. Februar 1982 in der Hamburger Markthalle ist auf Youtube zu sehen. Hier der QR-Code und Link dazu:

https://bit.ly/trio-1982

Ein Riesenbagger auf Reisen

Im September beginnt im Kohlerevier bei Köln die Überführung eines **70 m hohen** und **200 m langen Braunkohlebaggers** in das Abbaugebiet Frimmersdorf bei Grevenbroich. Der Transport zu dem 46 Kilometer entfernten Ziel dauert zwei Monate.

Die Überführungskosten für den **7.600 t** schweren Bagger liegen bei 13,5 Mio. DM (ca. 6,75 Mio. Euro). Das ist immer noch billiger als die Zerlegung mit Wiederaufbau, was zwei Jahre in Anspruch genommen hätte.

Ein riesiger Schaufelradbagger im Braunkohletagebau Garzweiler

Das 40-minütige Dokumentarvideo zur „Baggerreise“ von 1982 gibt es unter diesem Link und QR-Code:

https://bit.ly/bagger-auf-reisen

Werftarbeiter wird Volksheld

„Wir müssen siegen, daran gibt es keinen Zweifel. Aber ich war immer der Meinung, dass siegen nicht heißt zerschlagen und vernichten. Eher sollte man so viele Freunde wie möglich gewinnen." Mit diesen Worten meldet sich **Lech Walesa** nach seiner Freilassung aus der Internierung am 12. November zurück. Der Führer der mittlerweile verbotenen unabhängigen Gewerkschaft **Solidarność** musste elf Monate in Haft verbringen.

Vor seiner Verhaftung war der tief in seinem Glauben verwurzelte Werftarbeiter in Polen zum **Volkshelden** aufgestiegen. Er wurde zur bestimmenden Persönlichkeit der Streikbewegung von 1980, die in die Gründung der Solidarność mündete.

Priester Henryk Jankowski in Lech Walesas Wohnung 1982

Das rund 20-minütige Interview *„40 Jahre Solidarność - Interview mit Lech Wałęsa"* ist unter folgendem Link bzw. QR-Code zu sehen:

https://bit.ly/lech-walesa-40

Kino Blockbuster

Im Jahr 1982 kommen einige Blockbuster ins Kino. Im Juni erscheint der US-amerikanische Science-Fiction-Film des Regisseurs Ridley Scott **„Blade Runner."** Der Film mit Harrison Ford ist bei Kritikern und Publikum zunächst kein Erfolg, wird mit der Zeit aber zum Kultfilm.

Auch **„Rocky III - Das Auge des Tigers"** kommt ins Kino. Beim dritten Teil der Rocky-Filmreihe führt Sylvester Stallone auch die Regie.

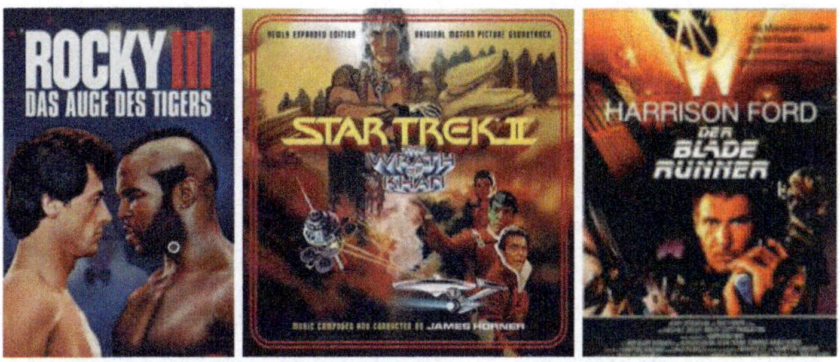

Filme mit Kultstatus: Rocky III; Star Trek II und Blade Runner

Science Fiction Fans kommen mit **„Star Trek II: Der Zorn des Khan"** auf ihre Rechnung. Dabei sorgt der Filmtod der beliebten Figur Mr. Spock für große Proteste von Fans. Der Erfolg der Produktion garantierte weitere Fortsetzungen und bewog den Spock-Darsteller Leonard Nimoy zu seinem Verbleib bei der Filmserie. Heute gilt Star Trek II als eine der gelungensten Filme der Star Trek Reihe.

Ja, findest du?
Ist ein wenig kühl geworden!

Exklusiv: Leckere Avocado-Rezepte zum Download

Während es in den USA schon seit den 1970er Jahren Avocado-Kochbücher gibt, sind diese in Deutschland erst Anfang der 1980er Jahre erhältlich

Neun leckere Avocado Rezepte aus dem Jahr 1982 gibt es hier mittels QR-Code oder Link zum Downloaden:

https://bit.ly/avocado-1982

Weltausstellung

In der US-amerikanischen Industriestadt **Knoxville** (Tennessee) wird die 20. Weltausstellung eröffnet. Thema der Schau, an der sich 24 Nationen und 30 Großfirmen beteiligen, ist u.a. die Erzeugung und Nutzung von Energie. Herzstück der Schau sind 17 Einzelausstellungen - ausgerichtet jeweils von einem Land - zum Thema **„Energie verändert unsere Welt"**. Die Japaner beispielsweise zeigen das Modell einer Zukunftsstadt, in der alle Formen rationeller Energienutzung schon realisiert sind; die Franzosen präsentieren unter anderem einen neuartigen (sechseckigen) Sonnenkollektor, die Australier brachten neben Windmühlen auch rollende Gehsteige und Kängurus mit.

Das bauliche Wahrzeichen der Knoxviller Expo ist der Sunsphere-Turm. Er besteht aus einem schwarzen Stahlgerüst, auf dem eine Kugel (mit einem Restaurant im Inneren) aus goldfarbenem Glas ruht

Im Aufwind

Das **weltweit erste Aufwindkraftwerk** zur Nutzung von Sonnenenergie nimmt im spanischen Manzanares seinen Betrieb auf. Die Anlage mit einer vorgesehenen Leistung von 50 bis 100 Kilowatt ist aus Mitteln des Bundesforschungsministeriums gefördert worden. Ein Aufwindkraftwerk (auch Thermikkraftwerk genannt) nutzt die Kraft der Sonne, um elektrische Energie zu gewinnen. Anders als bei der Photovoltaik funktioniert das allerdings nicht mit dem photoelektrischen Effekt, sondern mit natürlicher Konvektion. Dabei erwärmt die Sonne Luft unter einem transparenten Dach, die dadurch über einen **200 m hohen Kamin** nach oben aufsteigt. Ein Generator wandelt die Bewegungsenergie dann in Strom um.

Den Preis des Deutschen Stahlbaus 1982 erhält das Aufwind-Kraftwerk des Stuttgarter Professors Schlaich in Manzanares, Spanien

Ein 5-minütiges Youtube-Video (auf Englisch) zum Aufwind-Kraftwerk gibt's unter diesem Link bzw. QR-Code

https://bit.ly/aufwind-kraftwerk

Motorrad Klassiker

1975 stellte **Moto Guzzi** erstmals die **850 Le Mans** vor. Mit dem Erscheinen der dritten Generation 1982 erfährt der Motor eine Leistungssteigerung. Der Tank, der Sitz und die Verkleidung bekommen ein völlig neues Design. Die Marke mit dem Adler im Logo schafft mit der Le Mans einen Klassiker der Motorradgeschichte.

Produktion	1982–1984
Bauart	Sportler
Steuerung	OHV
Hubraum (ccm)	844
Zylinder	2
Motorbauart	V-Twin
Leistung (PS)	82
Höchstgeschw. (km/h)	212
Antrieb	Kardan
Gänge	5
Gewicht (kg)	206

Die Moto Guzzi 850 Le Mans 3 hat eine niedrige, kompakte Bauweise und hält die Maschine auch bei Kurvenfahrten stabil

Das Youtube-Video *„Das Traummotorrad meiner Jugend gekauft"* gibt's unter diesem Link und QR-Code:

https://bit.ly/850-le-mans-3

TV-Straßenfeger

Einschaltquoten von bis zu 45% verzeichnet das Zweite Deutsche Fernsehen bei der im Herbst in fünf Teilen ausgestrahlten TV-Serie **„Shogun“** nach dem Roman von James Clavell.

Die Geschichte handelt vom englischen Seemann Jonathan Blackthorne, den es im 17. Jahrhundert allein an die japanische Küste verschlägt und der nach schwieriger Gewöhnung an die Sitten des Gastlandes dort Karriere als Samurai macht. Neben dem attraktiven Hauptdarsteller machen vor allem die Einblicke in japanische Traditionen und Denkweisen die Serie für Millionen von Zuschauern interessant.

Richard Chamberlain und Yoko Shimada in der überaus erfolgreichen TV-Serie „Shogun“

Innere Organe in Schichten

Zu den medizinischen Untersuchungsverfahren, die immer mehr an Bedeutung gewinnen, zählt die **Kernspintomographie**, mit deren Hilfe Weichteilstrukturen im Körper sichtbar gemacht werden können. Die Aufnahmen erfolgen in Schichten, so dass beim Betrachten der zusammengehörigen Bilder ein dreidimensionaler Eindruck entsteht. Die Herstellung und Auswertung der Bilder erfolgen mit Hilfe eines **Computers**. Dieses Verfahren arbeitet anstelle von Röntgenstrahlen mit Hochfrequenzstrahlen und gilt daher als ungefährlich. Eingesetzt wird es vor allem zur Diagnose von Tumoren in Gehirn und Rückenmark.

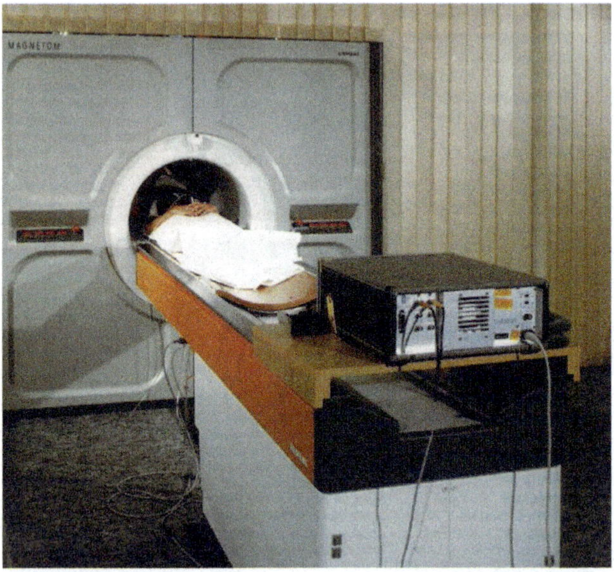

Kernspintomographie 1982 im
Krebsforschungszentrum Heidelberg

Warum bist du an deinem Geburtstag nicht zu Hause? Kommt denn deine Familie nicht zu Besuch?
Doch. Deshalb bin ich nicht zu Hause

Klosterkrimi

„Der Name der Rose" ist der erste Roman des italienischen Wissenschaftlers und Schriftstellers **Umberto Eco**. Eco gelingt damit ein Welterfolg. Der 650-Seiten-Roman spielt in einem mittelalterlichen Kloster und steckt voller historisch-religiöser Anspielungen und philosophischer Meditationen. Dennoch fasziniert der Roman Hunderttausende. Das Geheimnis des Buches liegt darin, dass Eco seinen Stoff in eine spannende Kriminalhandlung verpackt und so dem Leser das Mittelalter nahebringt, das er als „Modell unserer Zeit" auffasst. 1986 wird der Roman mit **Sean Connery** verfilmt.

Umschlag der ersten Ausgabe und Sean Connery als Mönch in der gleichnamigen Verfilmung

Den Link und QR-Code zum Film-Trailer gibt es hier:

https://bit.ly/der-name-der-rose

Was sonst noch geschah ...

1. Februar
Ein Kampfflugzeug der US- Streitkräfte verliert bei einem Übungsflug über dem Schwarzwald eine mit 4,4 kg explosivem Sprengkopf bestückte Rakete. Das Geschoss wird erst nach vier Tagen zufällig in einem Heuschober entdeckt und in mehrtägiger Arbeit geborgen

18. März
Erstmals gibt es in Berlin (Ost) offizielle Kontakte zwischen Abgeordneten des Bundestages und der Volkskammer

1. April
In Finnland müssen Autofahrer ab sofort außerhalb geschlossener Ortschaften auch am Tag mit Licht fahren. Fußgänger werden verpflichtet, bei Dunkelheit auf Landstraßen Reflektoren an der Kleidung zu tragen

10. April
Nach Angaben des Verbands der Deutschen Automatenindustrie spielen etwa 15 Millionen Bundesbürger regelmäßig an Unterhaltungsautomaten. Die Faszination der Video spiele habe allerdings nachgelassen

In Finnland schon 1982 Pflicht: Licht am Tag – im Bild der 1982er Mitsubishi Pajero

Was sonst noch geschah ...

19. April
Die Regierung in Washington erlässt Reisebeschränkungen für US-Bürger nach Kuba. Touristische Besuche sind demnach vom 15. Mai an nicht mehr erlaubt

12. Mai
Die Fußballmannschaft des FC Barcelona, die von dem Deutschen Udo Lattek trainiert wird, gewinnt mit einem 2:1 Sieg über Standard Lüttich vor 95.000 Zuschauern in Barcelona den Europapokal der Pokalsieger

9. Dezember
Das größte, modernste und teuerste Polarforschungsschiff der BRD, die „Polarstern", wird in Bremerhaven in Dienst gestellt

15. Dezember
Nach 13-jähriger Sperre wird die Grenze zwischen Spanien und dem britischen Gibraltar wieder geöffnet

15. Dezember
Als erstes schwedisches Industrieunternehmen führt der Automobilhersteller Volvo ein Gewinnbeteiligungssystem für seine 53.000 Mitarbeiter ein

Die Polarstern im Packeis der Antarktis

Diego Maradona

Der **Weltrekord-Transfer** im Fußball ist perfekt: Mit Erlaubnis des argentinischen Verbandes AFA wechselt Diego Maradona nach der Fußball-WM für eine Ablösesumme von umgerechnet 19 Mio. DM (ca. 9,5 Mio. Euro) nach Spanien. Der **FC Barcelona**, mit 100.000 Mitgliedern weltgrößter Sportverein, garantiert dem 21-jährigen für den bis Juni 1988 abgeschlossenen Vertrag ein Grundgehalt von 4,5 Mio. DM (ca. 2,25 Mio. Euro) pro Jahr. Aber bereits im Sommer 1984 zieht Maradona für noch mehr Geld nach Neapel um.

Im Trainingslager-Test beim 5:0 gegen den SV Meppen schießt Diego Maradona sein erstes Tor für Barcelona

Bis 1984 Juni bestreitet er 74 Spiele, davon 36 in der spanischen Liga und erzielt 45 Treffer.

Den Link und QR-Code zum vierminütigen und über 40 Mio. Mal (!) geklickten Video mit den schönsten Toren von Diego Maradona gibt es hier:

https://bit.ly/maradona-forever

Exklusiv: 150 Cocktailrezepte

Cocktailbücher gibt es in den 1980er Jahren in jeder Buchhandlung

Hier gibt es 150 original Cocktail-Rezepte aus dem Jahr 1982 zum Download. Der Link und QR-Code dazu:

https://bit.ly/150-cocktails-1982

Raumfähre wird kommerziell

Die US-Raumfähre **„Columbia"** beendet ihren vierten und letzten Testflug am US-amerikanischen Unabhängigkeitstag mit einer perfekten Landung auf dem kalifornischen Luftwaffenstützpunkt Edwards. Die **„Columbia"**, das erste wiederverwendbare **„Space-Shuttle"** der USA, ist im April 1981 zu ihrem Jungfernflug gestartet.

Mit der 20 Mrd. DM teuren Raumfähre soll eine kostengünstigere Alternative zu den bisherigen „Einwegraketen" geschaffen werden. Einziges Einwegteil ist der Treibstofftank, der kurz vor dem Eintritt in die Erdatmosphäre abgestoßen wird.

Die Columbia bei der Landung auf dem Luftwaffenstützpunkt Edwards nach ihrem ersten kommerziellen Flug im November 1982

Die 10-minutige Doku *„Wie das Space Shuttle funktioniert"* ist unter diesem Link bzw. QR-Code zu sehen:

https://bit.ly/space-shuttle-wie

Rollende Steine auf Tour

Die englische Rockgruppe **Rolling Stones** startet im Juni zu einer zweimonatigen Europa-Tournee, die sie zu 40 Konzerten in zehn Ländern führt. Obwohl bereits 20 Jahre alt, zieht die Band insgesamt 2 Mio. Zuschauer an. Leitfigur der Stones ist der 39-jährige **Mick Jagger**, der mit seiner extrovertierten, lasziven Show das Publikum in seinen Bann zieht. Ihm zur Seite stehen die Gitarristen **Keith Richards** (37) und **Ron Wood** (35), der Bassist **Bill Wyman** (45) und der Schlagzeuger **Charlie Watt** (40). Außer Wood, der erst 1975 zu der Gruppe stieß, spielen die Rolling Stones seit Anfang der 1960er Jahre zusammen.

Die Rolling Stones im Jahr 1982

Das über 2,7 Mio. Mal auf Youtube angeklickte Album *„The Rolling Stones Greatest Hits Full Album - Top 20 Best Songs Rolling Stones"* gibt es unter diesem Link und QR-Code zum Anhören:

https://bit.ly/rolling-stones-youtube

Giftspritze im Einsatz

Im US-Bundesstaat Texas wird erstmals ein zum Tode Verurteilter mit einer Giftspritze hingerichtet. Er hatte 1976 zusammen mit einem Freund einen Gebrauchtwagenhändler entführt und erschossen. Obwohl vor Gericht nicht geklärt werden konnte, welcher der Männer die tödlichen Schüsse abgegeben hatte, wurden beide zum Tode verurteilt. Der Komplize des Exekutionsopfers wurde jedoch später zu 40 Jahren Haft begnadigt.

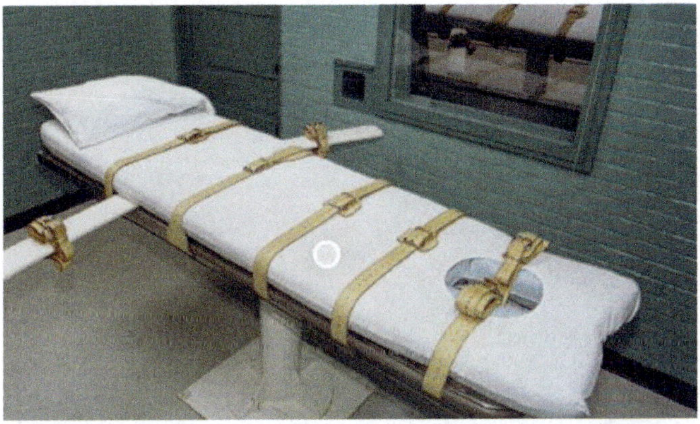

Exekutionszelle im Staatsgefängnis von Huntsville/Texas. Im Jahr 1982 sitzen mehr als 1.100 zum Tode Verurteilte, darunter 13 Frauen, in US-amerikanischen Gefängnissen

Maschine des Jahres

Wegen seines „großen Einflusses auf das Alltagsleben" wählt das US-Nachrichtenmagazin **„Time"** am 27. Dezember den **Computer zur „Maschine des Jahres"**. Nach Ansicht der Juroren hat die Mikroelektronik-Revolution im Laufe des Jahres auf den Gang der Ereignisse größeren Einfluss genommen als alle Politiker. Nach einer Umfrage betrachten 80% der US-Amerikaner den Heimcomputer als alltäglichen Gegenstand. 68% geben an, der Computer beeinflusse die Erziehung ihrer Kinder positiv.

Titelblatt des US-Nachrichtenmagazins „Time"

Die 30-minütige 3 SAT-Doku *„Die Geschichte des PC`s"* ist unter folgendem Link bzw. QR-Code zu sehen:

https://bit.ly/doku-PC

Schau mal! Uwe hat sich doch endlich mal was in seinem Alter angelacht!
Tatsächlich! Zwei Zwanzigjährige!

Ein Finne wird Formel 1 Weltmeister

Platz fünf im letzten Rennen der Saison in Las Vegas sichert dem Finnen **Keke Rosberg** auf einem Williams-Ford die Formel-1-Weltmeisterschaft. Der 33-jährige Tierarztsohn aus Helsinki ist nach dem Go-Kart-Start (1965) erst 1972 in die Formelklasse aufgestiegen, übrigens mit deutscher Lizenz und Wohnsitz in Heidelberg. Seit seinem Formel-1-Debüt 1978 zeigt der gelernte Computer-Programmierer mit seinem kompromisslos harten Fahrstil auf. 1981 wechselt er, abgeschrieben als „erfolgloser Billigpilot“, zu Williams.

Keke Rosberg ist Weltmeister. Und das mit einer durchschnittlichen Punktzahl von nur 2,75 pro Rennen. John Watson, einer der elf Sieger in diesem Jahr, sieht zu

Ein sehenswertes rund 10-minütiges Video über das WM-Siegerauto von Keke Rosberg, den Williams FW08, ist unter folgendem Link bzw. QR-Code zu streamen:

https://bit.ly/Williams-FW08

Kurierdienst per Bahn

Ab dem 1. Dez. 1982 können **Sendungen bis zu 10 kg** zum Pauschalpreis von 100 DM (ca. 50 Euro) in einem besonderen Abteil mit dem Intercity zu 34 Bestimmungsbahnhöfen gebracht werden. Die Bahn ist bemüht, auch Privatkunden für ihren neuen Service zu gewinnen, wenn sie z.B. Geburtstagsgeschenke und ähnliches befördern lassen wollen.

Werbeprospekt für den „IC Kurierdienst“ der Bundesbahn

In diesen Intercity-Zügen ist der erste 2. Klasse-Wagen hinter dem Speisewagen stets ein Zugsekretariat und trägt ein Schild mit dem Titel **„IC-Kurierdienst“**. Die Deutsche Bundesbahn gibt den Service 1989/90 auf, unter anderem auch weil der moderne Schnellverkehr, IC-Züge und später ICE-Züge, ohne Gepäckwagen verkehren.

Download: Camping-Rezepte für Junggesellen und Strohwitwer

Kochbücher für Campingurlaube gibt es seit den 1960er Jahren.

Hier der Link zu 40 original Camping-Rezepten für Junggebliebene und Strohwitwer aus 1982:

https://bit.ly/1982er-camping-rezepte

Weltmesse der Fotografie

In Köln eröffnet am 6. Oktober Bundespräsident Karl Carstens die 17. Weltmesse der Fotografie, die **„photokina"**. Die Hersteller präsentieren eine Reihe spektakulärer Neuheiten, darunter die sog. **Disc-Kamera**. Mit dem Disc-System, bei dem statt eines Rollfilms eine runde Filmscheibe in den Fotoapparat eingelegt wird, hofft der Branchenriese Eastman Kodak (USA) den Markt neu beleben zu können. Die Scheibe zeichnet sich nicht nur durch einfachste Bedienung, sondern auch durch hohe Lichtempfindlichkeit, Schärfe und Farbtreue aus. Dieses Format konnte sich jedoch nicht durchsetzen, und die Disc-Kameras sind rasch wieder vom Markt verschwunden.

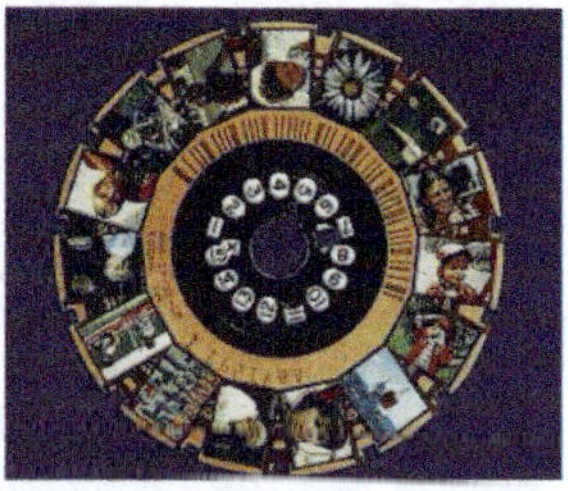

Disk-Kamera mit Weitwinkel-Objektiv und die dazugehörige Filmscheibe, auf der 15 Negative untergebracht sind

Ein fünfminütiges Youtube Video zur Kodak-Disc-Kamera finden Sie unter diesem Link bzw. QR-Code:

https://bit.ly/disc-kamera-in-5-minuten

Porsche triumphiert in Le Mans

Das **24-Stunden-Rennen von Le Mans** wird 1982 zu einem Triumph für den Automobilhersteller Porsche. Die Fahrer **Jacky Ickx** (Belgien) und **Derek Ball** (GB) gewinnen auf dem erstmals eingesetzten Prototyp 956 C mit einer Rekord-Durchschnittsgeschwindigkeit von 204 km/h. Auch Platz 2 und 3 werden von Teams auf dem Porsche 956 C belegt.

Porsche triumphiert in Le Mans

Eine rund 40-minütige Video-Dokumentation aus 1982 begleitet die Entwicklung des Porsche 956 bis hin zum sensationellen Dreifachsieg in Le Mans '82. Hier der Link und QR-Code:

https://bit.ly/porsche-956

Erste Weltumrundung über Pole

Die britischen Forscher Sir Ranulph Fiennes und Charles Burton beenden **die erste Weltumrundung über beide Pole**. Nach einer fast dreijährigen Reise entlang des Greenwich-Meridians, auf der sie rund 56.000 km zurücklegten, treffen sie wieder in London, dem Ausgangspunkt ihrer Expedition, ein.

Auf ihrer Reise durchquerten sie die Sahara, gelangten mit einem offenen Schneemobil zum Südpol und saßen 99 Tage im Treibeis der arktischen Region fest.

Charles Burton (l.) und Sir Ranulph Fiennes stoßen auf ihren Erfolg an

Dreidimensionales Fernsehen

Das deutsche Fernsehen erobert die dritte Dimension. In der Nordkette und in Hessen können die Zuschauer des Dritten Programms die zweiteilige Sendung *„Wenn die Fernsehbilder plastisch werden"* bestaunen, die im 3-D-Verfahren aufgenommen ist.

Um das **räumliche Erlebnis wahrnehmen** zu können, ist eine **rot-grüne Spezialbrille** erforderlich. In den USA wurde seit Anfang der 50er Jahre mit dem 3-D-Verfahren experimentiert. Nach Anfangserfolgen scheiterte das Verfahren an technischen Unzulänglichkeiten.

Zuschauer mit 3-D-Brillen vor dem Fernsehgerät. Die Einführungssendung mit Ingrid Steeger im deutschen Fernsehen bleibt letztlich eine Eintagsfliege

Soll ich meine
Schuhe wieder
anziehen?

Literaturnobelpreis

Der Literaturnobelpreis geht 1982 an den 54-jährigen **Kolumbianer Gabriel Garcìa Márquez**. In der Würdigung heißt es, der Preisträger werde für „seine Romane und Kurzgeschichten, in denen das Phantastische und Realistische verbunden wird mit einer von Phantasie reich ausgestatteten Welt, die das Leben und die Konflikte eines Kontinent widerspiegeln", ausgezeichnet.

Mit einer knappen Verbeugung dankt Gabriel Garcìa Márquez für die Auszeichnung mit dem Literaturnobelpreis

Seinen Weltruhm begründete er mit dem Roman *„Hundert Jahre Einsamkeit"*

„Hundert Jahre Einsamkeit" ist eines der am häufigsten übersetzten und gelesenen Werke in spanischer Sprache und wird 2007 als eines der wichtigsten Werke der spanischen Sprache katalogisiert und von der spanischen Zeitung El Mundo in die Liste der 100 besten spanischen Romane des 20. Jahrhunderts aufgenommen.

Ein Kaiser tritt ab

1. Juni: 30.000 im Volksparkstadion in Hamburg und Millionen am Fernsehschirm feiern Abschied. Der deutsche **Fußball-Kaiser Franz Beckenbauer** gibt seinen Ausstand - mit einem sportlichen Wehrmutstropfen, denn der vom frischen Meisterjubel sichtlich erschöpfte Hambuger SV verliert 2:4 gegen die ehrgeizige Nationalmannschaft, die sich auf die Weltmeisterschaft vorbereitet. Im Sommer 1984 wird Beckenbauer - ohne offiziellen Trainerschein - Bundestrainer und führt die Nationalmannschaft zum Erfolg: 1990 wird die DFB-Auswahl zum dritten Mal Weltmeister.

Fritz Walter (l.) und Uwe Seeler verabschieden Kaiser Franz

Den Link und QR-Code zum über 320.000 Mal gestreamten fünfminütigen Youtube-Video: *„Der Kaiser: Wie gut war eigentlich Franz Beckenbauer?"* gibt es hier:

https://bit.ly/kaiser-franz

Aufklärung in der Luft

In Oberpfaffenhofen übernimmt die NATO das erste Aufklärungsflugzeug vom Typ **AWACS** (Airborne Warning and Control System; luftgestütztes Warn- und Kontrollsystem). Das Militärflugzeug mit Radarstation basiert auf der Boing 707.

Die NATO hat bis zu 14 AWACS-Maschinen im Einsatz

Die Maschine fliegt in einer Höhe bis zu **12.000 m** und kann alle Luft-, See- und Bodenbewegungen auf eine Entfernung von bis zu 400 km beobachten. Im Ernstfall soll das System dazu dienen, Abwehrmaßnahmen zu koordinieren sowie Funkverkehr und Radar des Gegners zu stören.

Das Innenleben einer AWACS. Technik wohin das Auge reicht. Ein zweiminütiges Youtube-Video der Bundeswehr stellt die AWACS genauer vor. Hier der Link und QR-Code dazu:

https://bit.ly/awacs-brd

Peepshow verletzt Menschenwürde

In einer Grundsatzentscheidung **untersagt das Bundesverwaltungsgericht die Einrichtung neuer Peep-Shows**, weil diese gegen die guten Sitten verstoßen und die Menschenwürde verletzen. Die Berliner Richter befinden, dass dabei die Frau zum Objekt herabgewürdigt werde, das wie eine Ware aus einem Automaten zu erwerben sei. In weiterer Folge lässt Frankfurts Oberbürgermeister Walter Wallmann (CDU) am 10. März auch die bestehenden Peep-Shows schließen. Daraufhin versuchen die „Darstellerinnen" mittels **Unterschriftensammlung** den Erhalt ihrer Arbeitsplätze zu bewahren. Sie wollen ihren gut bezahlten Job, bei dem lediglich eine Art „Gymnastik" betrieben werde, nicht verlieren.

Die Inhaber der in Frankfurt geschlossenen Frankfurter Peep-Shows hoffen offenbar noch auf einen Sinneswandel im Rathaus. Ihre Info im Schaufenster: „Bis auf weiteres geschlossen"

Eine Milliarde Menschen

1.031.882.511 Einwohner hat die Volksrepublik **China** am Stichtag 1. Juli, so lautet das offiziell verkündete Ergebnis einer Volkszählung. Die Zahl der Chinesen hat damit seit der letzten Erhebung im Jahr 1964 um rund 45% zugenommen. Das entspricht einem jährlichen Wachstum von 2,1%.

Chinesen bei der Feldarbeit. Für landwirtschaftliche Maschinen fehlt oft das Geld

Um die Bevölkerungsexplosion zu stoppen hat die Regierung strenge Regeln erlassen. Zunächst galten höchstens zwei Kinder je Ehepaar als zulässig, inzwischen ist die **Ein-Kind-Familie** das Ziel. Weitere Ergebnisse der Volkszählung: 80% der Bevölkerung leben auf dem Land. Jeder vierte Chinese gilt als Analphabet und nur jeder dritte hat eine Grundschule besucht.

Ein Superstar auf Rädern

Bei Volksfeststimmung auf dem Champs-Esysèes feiert der 27-jährige **Bernard Hinault** als erst vierter Radsportler das Saison-Double: Den Doppelsieg bei den größten und schwersten Etappenrennen, dem Giro d`Italia und der Tour de France. Mit mehr als 200 Siegen in seiner zwölfjährigen Karriere ist Hinault ein echter Allrounder und kann sich auch in Eintagesrennen durchsetzen. 1980 gewinnt er die Straßen-Radweltmeisterschaft. Viermal in Folge (1978–1981) wird er von der Sportzeitung L'Équipe zu Frankreichs Sportler des Jahres („Champion des champions") gewählt.

Bernard Hinault auf dem Weg zum Sieg bei der Tour de France. Damals noch ohne Helm

Bernards Hinault größte Siege sind im sechsminütigen Video unter folgendem Link bzw. QR-Code zu bewundern:

https://bit.ly/Hinaults-größte-siege

Musik in Deutschland

Im Sommer 1982 geht es auf den Tanzpartys an Nord- und Ostsee hoch her. Auch **„Felicita"** von Al Bano & Romina liegt hoch im Kurs. 20 Sommerhits aus 1982 zum Ansehen und Anhören gibt es auf: **https://schmusa.de/sommerhits-1982/**

In Deutschland ist „Felicità" die am drittmeisten verkaufte Single des Jahres 1982. Den Link und QR-Code zum Youtube-Video „Felicità" aus 1982 gibt's hier:

https://bit.ly/felicita-1982

Deutsche Jahrescharts 1982

1. Maid Of Orleans (The Waltz Of Joan Of Arc) von OMD
2. Adios Amor von Andy Borg
3. Felicita von Al Bano & Romina Power
4. Skandal im Sperrbezirk von der Spider Murphy Gang
5. Der Kommissar von Falco
6. Da, Da, Da, Ich Lieb Dich Nicht … von Trio
7. Ein Bisschen Frieden von Nicole
8. Una Notte Speciale von Alice
9. Goldener Reiter von Joachim Witt
10. Just An Illusion von Imagination

Der erste Laptop

1982 kommt der erste Laptop mit klappbarem Display auf dem Markt, der **Grid Compass**. Der Pionier unter den tragbaren Computern wiegt fünf Kilogramm, verfügt über 384 Kilobyte Speicher und besitzt sogar ein Telefonmodem mit einer Übertragungsrate von 1200 Bit/s. Der Grid Compass kostet damals stolze 8.150 US-Dollar - umgerechnet und inflationsbereinigt knapp 15.000 Euro.

So sieht der erste Laptop der Welt aus

Der Grid Compass stößt vor allem in Wissenschaft und beim Militär auf Begeisterung. Die NASA nimmt die Computer-Legende 1985 sogar auf eine Raumfahrtmission mit

Ungewöhnliche Autowerbung

Die **Wolfsburger Volkswagenwerke** setzen 1982 in ihrer Werbekampagne, die einmal mehr eine ganze Serie von miteinander verbundenen Anzeigen umfasst, auf Kontraste. Statt blitzende Karosserien mit sympathischen, gutgelaunten Insassen zu zeigen, versuchen sie mit **aus dem Rahmen fallenden Zeichnungen** die Aufmerksamkeit der potentiellen Kunden auf ihre Anzeigen zu ziehen.

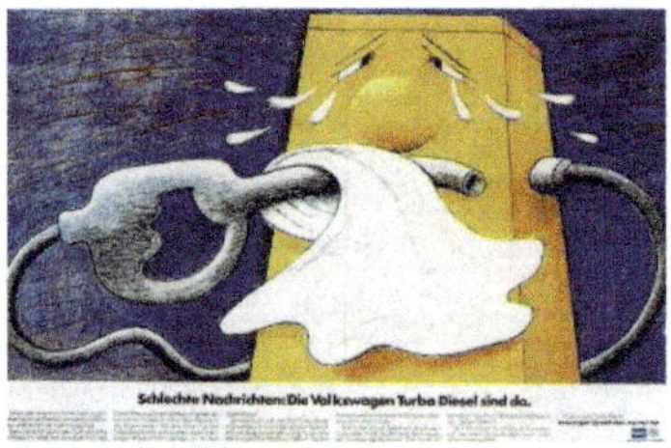

Mit witzigen Zeichnungen geht die Werbeabteilung von VW in Wolfsburg neue Wege

Herr Müller, was hat Sie in Ihrem Leben am meisten geprägt?
Schwerkraft.

Wie ein Albatros

Vom Hobby zum Weltruhm. Der Hausarzt empfahl seiner Mutter, den Sohn zum Schwimmen zu schicken, um die Probleme mit seinem schnellen Wachstum in den Griff zu bekommen. Schnell gefiel **Michael Groß** das nasse Element und er nahm an ersten Wettkämpfen teil..

Aufgrund seines Schwimmstils im Schmetterling und wegen seiner großen Arm-Spannweite von 2,13 Metern bei 2.01 Meter Körpergröße gab ihm 1983 ein Journalist der französischen Sporttageszeitung L´Equipe den **Spitznamen Albatros.**

Bei den Schwimm-Weltmeisterschaften in Ecuador gewinnt der 18-jährige Michael Groß insgesamt fünf Medaillen

Thriller erobert die Welt

Am 30. November 1982 erscheint das sechste Studioalbum des US-amerikanischen Sängers **Michael Jackson „Thriller".** Mit diesem Album avanciert er zum weltweit kommerziell erfolgreichsten Popsänger der 1980er Jahre. Er wird fortan häufig als „Megastar" bezeichnet, was bis dahin ein ungebräuchlicher Ausdruck war.

Das Album verbindet Genres wie Pop, R&B, Rock, Post-Disco und Funk. Die Aufnahmen finden mit einem Produktionsbudget von 750.000 US-Dollar statt. Von den neun Titeln auf dem Album werden vier Stücke von Jackson geschrieben. Es werden sieben Singles aus Thriller ausgekoppelt, die alle die Top 10 der Billboard Hot 100 erreichen; zwei davon, *„Billie Jean"* und *„Beat It"* sogar die Spitze der Charts.

Mit rund 65 Millionen verkauften Exemplaren ist Thriller das weltweit meistverkaufte Album

Den Link und QR-Code zum 800 Millionen Mal (!) gestreamten Video von „Thriller" gibt es hier:

https://bit.ly/thriller-1982

Strom aus der Wüste

Eines der größten **Solarkraftwerke** der Welt geht in der Mojave-Wüste in Kalifornien in Betrieb. Um an dem von der Sonneneinstrahlung her äußerst günstigen Standort 10 Megawatt elektrische Leistung zu erzeugen, benötigt es **1.800 gigantische Reflektoren**, von denen jeder einzelne aufwendig dem Tageslauf der Sonne nachgeführt werden muss, um die aufgefangene Strahlung zu einem zentralen Dampfbereiterkessel in 90 m Höhe zu lenken.

In der Mojave-Wüste gibt es mehrere Solarkraftwerke, die das Stromnetz mit Strom versorgen. Die Sonneneinstrahlung hier gehört zu den besten in den USA

Riesenmäuse

1982 gibt es sie wirklich, **die Riesenmäuse aus dem Labor.** Ein Exemplar davon präsentiert das seriöse britische Wissenschaftsmagazin „Nature“ auf dem Titelfoto seiner jüngsten Ausgabe - der dort abgebildete, weißhaarige Super-Nager ist, immerhin, etwa doppelt so groß wie die neben ihm kauernde Normal-Maus aus demselben Wurf.

„Zum ersten Mal“, so kommentiert „Nature“ das Ereignis, sei es den Wissenschaftlern gelungen, „durch genetische Manipulation das äußere Erscheinungsbild von Tieren in derart tiefgreifender Weise zu verändern“ - ein biotechnischer Coup mit vermutlich weitreichenden Folgen: Er weist, wie seine Urheber glauben, „den Weg in eine neue Ära der Gentechnik“.

In den USA übertragen Wissenschaftler erstmals Erbfaktoren von einem Tier auf ein anderes und züchten damit Supermäuse, die doppelt so groß sind wie ihre Artgenossen

Triumph des besten „Trottels"

Der Grand Prix von Long Beach wird 1982 zum Schauplatz einer der wichtigsten der 25 Siege in der F1-Karriere **Niki Laudas.**

Das Besondere an diesem Triumph: Es ist das erst dritte Rennen nach seinem überraschenden **Comeback.** Lauda war 1982 dem Ruf von McLaren Ford gefolgt und tatsächlich noch einmal in die Formel 1 zurückgekehrt - obwohl er mit dieser Ende 1979 mit dem Satz *„Warum soll ich wie ein Trottel mit den anderen im Kreis fahren?"* spontan und relativ unmissverständlich abgeschlossen hatte.

Niki Lauda gewinnt 1982 in Long Beach
vor Keke Rosberg und Gilles Villeneuve

Einen über 2,5 Mio. Mal geklickten 5-minütigen Rückblick (auf Englisch) auf seine unvergleichliche Karriere gibt es in diesem Video. Hier der Link und QR-Code:

https://bit.ly/niki-lauda-karriere

Digitaler Smilie lächelt

Heute kommt kein Chat ohne sie aus: **Emojis.** Entstanden aus einer Kombination von Satzzeichen bereichern sie eine Textnachricht mit bildlichen Emotionen. Zum Strichmännchen aus Satzzeichen - sprich zum elektronischen Smiley - wurde das bereits bestens bekannte Lächeln dann am **19. September 1982**, als Scott E. Fahlman, angehender Professor für Informatik an der Carnegie Mellon University in den USA, seinen Kollegen schreibt: *„Ich schlage vor, Scherze mit folgender Zeichenkombination zu kennzeichnen: :-) Lesen Sie es seitwärts. Allerdings ist es in Anbetracht der aktuellen Gegebenheiten wahrscheinlich einfacher jene Dinge zu markieren, die KEINE Scherze sind. Verwenden Sie dafür :-(“*

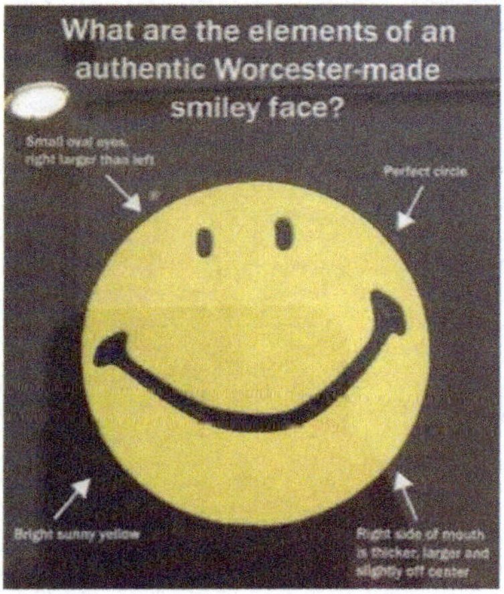

Den gelben Kreis mit dem grinsenden Gesicht hat der Amerikaner Harvey Ball im Jahr 1963 erfunden. Damals erhielt seine Werbefirma den Auftrag, die Arbeitsmoral von Angestellten der Versicherungsgesellschaft State Mutual Life Assurance Cos. of America mit lustigen Anstecknadeln wieder zu heben. Der Entwurf des Smileys kostete seinem Urheber angeblich zehn Minuten Arbeitszeit - und brachte ihm nur 45 Dollar Gage

Herbert,
ich hätte wieder
mal Lust auf
Sex!
Ich hätte
im Mai noch
einen Termin
frei!

Literatur Bestseller

Auf Platz eins und zwei der Jahresbestsellerliste findet sich derselbe Name: **Michael Ende.** Er zählt zu den erfolgreichsten deutschen Jugendbuchautoren. Bücher wie *Die unendliche Geschichte, Momo* und *Jim Knopf* und *Lukas der Lokomotivführer* sind internationale Erfolge und werden vielfach für Film, Fernsehen und Theater adaptiert. Endes Werke verkauften sich über 30 Millionen Mal und wurden in über 40 Sprachen übersetzt.

Jahres-Bestseller 1982

	BELLETRISTIK		SACHBÜCHER
1	**Ende: Die unendliche Geschichte** Thienemanns; 29,80 Mark	1	**Baring: Machtwechsel** DVA; 42 Mark
2	**Ende: Momo** Thienemanns; 19,80 Mark	2	**Wickert: China von innen gesehen** DVA; 38 Mark
3	**Tolkien: Der Herr der Ringe** Klett-Cotta; 45 Mark	3	**Mehnert: Ein Deutscher in der Welt** DVA; 38 Mark
4	**Rühmann: Das war's** Ullstein; 32 Mark	4	**v. Ditfurth: Wir sind nicht nur von dieser Welt** Hoffmann und Campe; 36 Mark
5	**Clavell: Noble House Hongkong** Droemer; 39,80 Mark	5	**Bosmans: Vergiß die Freude nicht** Herder; 16,80 Mark
6	**David: Ein Stück Himmel** Hanser; 29,80 Mark	6	**Holzach: Deutschland umsonst** Hoffmann und Campe; 28 Mark
7	**Cruz-Smith: Gorki Park** Scherz; 34 Mark	7	**Schell: Das Schicksal der Erde** Piper; 19,80 Mark
8	**Eco: Der Name der Rose** Hanser; 39,80 Mark	8	**Wallraff: Das Bild-Handbuch** Konkret; 15 Mark
9	**Frisch: Blaubart** Suhrkamp; 24 Mark	9	**Rommel: Abschied vom Schlaraffenland** DVA; 32 Mark
10	**Giordano: Die Bertinis** S. Fischer; 39,80 Mark	10	**Nehberg: Die Kunst zu überleben – Survival** Kabel; 19,80 Mark

Jahresbestsellerliste aus dem Nachrichtenmagazin „Der Spiegel", ermittelt von der buchhändlerischen Fachzeitschrift „Buchreport". Auf Platz 1: Die unendliche Geschichte. Auf Platz 2: Momo

Mehr Wasser

Nach einer Bauzeit von knapp neun Jahren wird in Brasilien das **bislang größte Wasserkraftwerk der Welt** eröffnet. Das mit 18 Turbinen bestückte Kraftwerk in Itaipu am Rio Parana an der Grenze zu Paraguay soll jährlich 25 Mrd. Kilowattstunden liefern und damit knapp 20% des brasilianischen Energiebedarfs decken.

Bis zur Fertigstellung der Drei-Schluchten-Talsperre in der Volksrepublik China im Jahr 2006 war Itaipu das größte Kraftwerk der Erde überhaupt. Aufgrund der hohen Auslastung der Turbinen liegt Itaipu hinsichtlich der Jahresenergieproduktion auch nach 2006 meist an erster Stelle.

Staumauer mit Wasserkraftwerk Itaipu am Rio Parana

Oscar-Überraschung

Zum Überraschungssieger bei der Oscar-Verleihung des Jahres 1982 wird der britische Film **„Die Stunde des Siegers“** von Hugh Hudson. Er erzählt die Geschichte von zwei britischen Leichtathleten, die bei den Olympischen Spielen 1924 in Paris Gold gewannen. Hudsons Regiedebüt wird als bester Film ausgezeichnet und erhält zudem die Preise für die besten Kostüme, das beste Originaldrehbuch und die beste Originalmusik. Als **beste Hauptdarsteller** werden **Katharine Hepburn** und **Henry Fonda** ausgezeichnet, für ihre Rollen als altes Ehepaar „Am goldenen See“. Diese Entscheidung gilt als auch als Ehrung für das Lebenswerk der 72 bzw. 76 Jahre alten Schauspieler.

Katharine Hepburn und Henry Fonda bekommen den begehrten Oscar

Den Link und QR-Code zum Youtube-Trailer des Films *„Die Stunde des Siegers“* gibt es hier:

https://bit.ly/die-stunde-des-siegers

Neue Unterhaltungselektronik

In Düsseldorf wird mit der **„hifivideo 82"** für die Unterhaltungselektronik das Zeitalter der **Digitaltechnologie** eingeläutet. Sowohl bei den Bild- als auch bei Tonspeichermedien soll das neue Verfahren die Analogtechnik ablösen. Dadurch verbessert sich nicht nur die Qualität der Wiedergabe, sondern die Bild- bzw. Tonträger sind auch wesentlich weniger verschleißanfällig. So werden auf der Messe auch die ersten **Compact-Disc-Plattenspieler**, mit denen Digitalschallplatten per Laserstrahlen abgetastet werden, präsentiert.

CD-Player der Firma Blaupunkt. Die neue Abspieltechnik führt zu einer völligen Umwälzung auf dem Tonträgermarkt

Das rund 10-minütige SRF-Video zur Präsentation des ersten Philips-CD-Players im Jahr 1982 ist unter diesem Link bzw. QR-Code zu sehen.

https://bit.ly/CD-player-1982

Neue Liebesseuche

1982 richtet sich das Interesse auf die **„neue Liebesseuche Herpes".** In der BRD sind zu diesem Zeitpunkt schätzungsweise 500.000 Menschen von der Erkrankung betroffen, jährlich infizieren sich etwa 80.000 weitere. Die Herpes-Viren, die einen harmlosen, aber schmerzhaften Bläschenausschlag verursachen, werden gewöhnlich durch intime Kontakte übertragen und geraten damit in den Ruf, Indikator und Strafe für Verstöße gegen die Sexualmoral zu sein. So warnt die „Bild"-Zeitung ihre Leser: „Wehe, wenn du fremdgehst".

Nach dem US-amerikanischen Nachrichtenmagazin „Time" widmet auch der „Spiegel" der „Lustseuche" Herpes im August 1982 eine Titelgeschichte

Drei Buchstaben verändern die Musikszene

Es ist eine Revolution in der Musikindustrie - plötzlich kann man eine ganze Musikbibliothek auf einer einzigen Festplatte speichern, ohne dabei auf Qualität verzichten zu müssen. Das **MP3-Format** wird im Jahr 1982 am Fraunhofer-Institut für Integrierte Schaltungen in Erlangen entwickelt. Federführend ist der Wissenschaftler Karlheinz Brandenburg. Was Brandenburg und sein Team wollen: Ein Musikstück so zu codieren, dass es über eine reguläre Telefonleitung übertragen werden kann.

Übrigens hatte auch die Singer/Songwriterin **Suzanne Vega** einen großen Anteil an der Geburt des Formats: Denn Vegas Song *„Tom's Diner"* war es, den Brandenburg laut eigenen Angaben tausende Male hörte, um die Technik und den Klang zu optimieren.

Den Song von Suzanne Vega gibt's auf Youtube unter folgendem Link und QR-Code:

https://bit.ly/suzanne-vega-mp3

Sieg durch technisches K.O.

In Las Vegas verteidigt der Boxweltmeister im Schwergewicht (WBA) **Larry Holmes** seinen Titel gegen **Gerry Cooney** (beide USA) durch technischen K.O. in der 13. Runde. Von seinen 75 Profikämpfen konnte er 69 Siege (davon 44 K.O.-Siege) feiern und musste nur sechs Niederlagen einstecken. Schon 1980 besiegte Holmes Muhamed Ali, der zum Zeitpunkt des Kampfes Medikamente gegen eine vermutete Schilddrüsenerkrankung einnehmen musste. Eine neurologische Untersuchung vor dem Kampf hatte bereits besorgniserregende Auffälligkeiten belegt, dennoch erteilte die Nevada State Athletic Commission Ali die Lizenz zum Boxen. 2008 wird Holmes in die International Boxing Hall of Fame aufgenommen.

Werbeplakat für den Kampf im Caesars Palace in Las Vegas

Die Highlights dieses Titelkampfes gibt es in diesem knapp 7-minütigen Youtube-Video unter folgendem Link bzw. QR-Code:

https://bit.ly/holmes-cooney

Ein Kraftwerk der anderen Art

Die bundesdeutsche Popgruppe **Kraftwerk** steht mit ihrem Hit **„Das Modell"** 1982 an erster Stelle der britischen Hitparade. Der 3:39 min lange Song erscheint bereits auf dem 1978er Album „Die Mensch-Maschine". Der Kultsong erreicht noch zweimal die Charts: als Single in Deutschland und 1997 als „Das Modell" von Rammstein.

Die Düsseldorfer Gruppe Kraftwerk gründete sich bereits 1970. Ihr Einfluss auf die Entwicklung elektronischer Musik wird von Künstlern sämtlicher Genres anerkannt

Das Musikvideo auf Youtube wurde mittlerweile 25 Millionen Mal geklickt. Hier der Link und QR-Code dazu:

https://bit.ly/kraftwerk-1982

Gedämpfte Reiselust

Nach über 30 Jahren ununterbrochenem Wachstums geht der Welttourismus 1982 erstmals seit dem Ende des Zweiten Weltkriegs zurück. Auch die Bundesbürger üben sich angesichts der Wirtschaftskrise in Zurückhaltung. 1982 unternehmen 55% der Westdeutschen eine mehrtägige Urlaubsreise, 1980 waren es noch knapp 58%.

Ziele der Bundesbürger (in %)

	1981	*1982*
Inland	36,0	38,6
darunter: Bayern	12,0	11,1
DDR	2,3	0,6
Italien	10,6	12,0
Spanien	10,2	11,1
Österreich	12,4	9,9
Frankreich	5,6	5,3
Jugoslawien	3,6	4,2
Griechenland	2,5	2,3
Dänemark	2,0	2,3
Niederlande	2,1	2,2
Schweiz	2,0	1,5
andere europäische Staaten	6,2	5,3
außereuropäische Länder	4,5	4,7

(li.) Die meisten Deutschen machen Urlaub im eigenen Land.
(re.) Anzeige der türkischen Fluggesellschaft THY.

Die Türkei versucht 1982 verstärkt, sich als Ferienziel zu empfehlen. Nach der Machtübernahme des Militärs 1980 soll wieder „Ruhe und Ordnung" im Land eingekehrt sein. Zuvor hatte es zahlreiche politische Attentate gegeben, die potenzielle Urlauber abgeschreckt haben.

Die beliebtesten Vornamen

1982 werden in Deutschland **861.275 Kinder** geboren. Die beliebtesten Vornamen sind:

Jungen:	**Mädchen:**
1. Christian	1. Stefanie
2. Stefan	2. Julia
3. Sebastian	3. Katrin
4. Jan	4. Nicole
5. Michael	5. Anna
6. Thomas	6. Claudia
7. Matthias	7. Melanie
8. Martin	8. Nadine
9. Daniel	9. Daniela
10. Dennis	10. Sandra

Das Wort des Jahres

Seit 1971 kürt die Gesellschaft für deutsche Sprache e.v. jährlich Wörter und Redewendungen, die das politische, wirtschaftliche und gesellschaftliche Leben eines Jahres sprachlich in besonderer Weise bestimmt haben.

Wörter des Jahres 1982:

1. Ellenbogengesellschaft
2. Wende
3. Mitte

Prominente Geburtstagskinder

Folgende prominente ErdenbürgerInnen erblicken 1982 das Licht der Welt:

09. Januar: Catherine
Ehefrau von Prinz William

03. März: Jessica Biel
US-Schauspielerin

24. April: Kelly Clarkson
US-Popsängerin

29. Mai: Elyas M'Barek
deutscher Schauspieler

18. März:
Timo Glock
deutscher Auto-
rennfahrer

09. Juni: Christina Stürmer
österr. Popsängerin

21. Juni:
Prinz William

25. August:
Matthias Steiner
deutscher Gewichtheber

12. November:
Anne Hathaway
US-Schauspielerin

Ein Herz auf Dauer

Im Medizinischen Zentrum der University of Utah pflanzen Ärzte erstmals einem Patienten ein **künstliches Herz** ein, das das Organ auf Dauer ersetzen soll. Das Kunstherz besteht aus einer Prothese aus Plastik und Aluminium, das in den Körper eingepflanzt wird. Über einen 1,8 m langen Schlauch ist es mit einem elektronisch gesteuerten transportablen Druckluftkompressor verbunden. Das 179 kg schwere Gerät, angetrieben von einem batteriegetriebenen Elektromotor, hält die künstliche Pumpe in Gang.

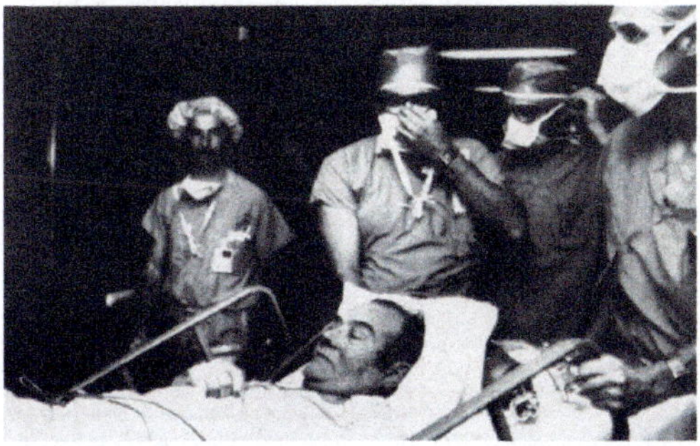

Der 61-jährige Zahnarzt Barney Clark in Salt Lake City erhält als erster Mensch auf Dauer ein Kunstherz. Seine Überlebenschancen wurden ohne Eingriff nur auf wenige Stunden geschätzt. Die Operation verlängerte sein Leben um 112 Tage

Die sechsminütige SWR-Doku *„Künstliches Herz: Brücke zu einem neuen Leben"* ist unter folgendem Link bzw. QR-Code zu sehen:

https://bit.ly/Kunstherz-doku

1982 als Kreuzworträtsel

1. Fußball-Weltmeister 1982; 2. Deutscher Musikstil; 3. Polnischer Gewerkschaftsführer; 4. Italienische Motorradmarke; 5. TV-Serie über einen Samurai; 6. Hauptdarsteller in: Der Name der Rose; 7. Argentinischer Fußballspieler; 8. Formel-1-Weltmeister; 9. Spitzname von Franz Beckenbauer; 10. Aufklärungsflugzeug; 11. Franz. Rennradfahrer; 12. Aufklappbarer PC; 13. Meistverkauftes Musikalbum aller Zeiten; 14. Beststeller von Michael Ende; 15. US-Schwergewichtsweltmeister

Lösung Kreuzworträtsel

1. Italien; 2. NDW; 3. Walesa; 4. MotoGuzzi; 5. Shogun; 6. Connery; 7. Maradona; 8. Rosberg; 9. Kaiser; 10. AWACS; 11. Hinault; 12. Laptop; 13. Thriller; 14. Momo; 15. Holmes

Bildverzeichnis

alamy; bigstock; canto; gettyimages; okapia; pixxio; pixabay; shutterstock; stokpic. Trotz größter Sorgfalt konnten die Urheber nicht in allen Fällen ermittelt werden. Es wird gegebenenfalls um Mitteilung gebeten. Wir bitten um Verständnis, dass wir keinen Einfluss darauf haben, wie lange die externen Links (z.B. Youtube-Videos) abrufbar sind. Es besteht keinerlei wirtschaftliche oder sonstige Verbindung zu eventuell eingespielter Werbung vor den Videos. Cartoons: Nadja Kühnlieb

Impressum

Autorin: Nadja Kühnlieb

www.verlagmensch.com / info@verlagmensch.com
Dr. Roman Feßler LL.M.
6900 Bregenz - Österreich, Bregenzer Straße 64
Umschlaggestaltung: Ingeborg Helzle Grafikdesign
Covermotiv: Alamy

1. Auflage 2021

In der Serie Geburtstagsbücher für Männer sind noch erschienen:

In der Serie Geburtstagsbücher für Frauen sind erschienen:

Alle Jahrgänge enthalten Download-Material zum jeweiligen Geburtsjahr.
Alle Geburtstagsbücher sind exklusiv auf Amazon erhältlich.

Psychologische Ratgeber des Verlags

Dr. Beate Guldenschuh-Feßler

Jeden Tag glücklich!

Positive Psychologie für mehr Glück & Lebensfreude

Exklusiv auf Amazon.
Der Link zum Buch:
bit.ly/Jeden-Tag-glücklich

Auf 425 Seiten erhalten Sie 199 Praxistipps und Übungen von der erfahrenen Diplompsychologin und Verhaltenstherapeutin zur Erhöhung Ihres persönlichen Glückniveaus.

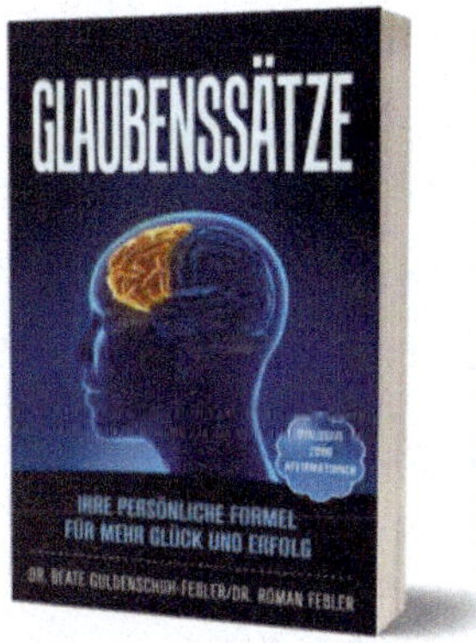

Dr. Beate Guldenschuh-Feßler

Glaubenssätze

Ihre persönliche Formel für mehr Glück und Erfolg. Inklusive 2.000 Affirmationen

Der Link zum Buch:
bit.ly/Buch-Glaubenssätze

Identifizieren Sie Ihre einschränkenden Glaubenssätze und erfahren Sie, wie Sie mit positiven Affirmationen glücklicher und erfolgreicher werden.

Dr. Beate Guldenschuh-Feßler

Das große Tagebuch der Dankbarkeit

Studien beweisen, dass ein Dankbarkeitstagebuch unser Glücksniveau steigern und Geist und Körper positiv beeinflussen kann.

Der Link zum Buch:
bit.ly/dankbares-leben

Neben ausreichend Platz für Ihre Tagebucheintragungen erhalten Sie psychologisches Hintergrundwissen, Tipps und Übungen zum Thema Dankbarkeit.

Dr. Beate Guldenschuh-Feßler

Glücklich im Ruhestand. Das große Praxisbuch für die schönste Zeit im Leben

10 psychologische Strategien mit Übungen aus der psychologischen und psychotherapeutischen Praxis und Fragebogen zu den Themen Glück, Dankbarkeit, Optimismus, Humor etc.

Der Link zum Buch:
bit.ly/ruhestand-und-glück

Printed by Amazon Italia Logistica S.r.l.
Torrazza Piemonte (TO), Italy

28142699R00046